www.ingramcontent.com/pod-product-compliance
Lightning Source LLC
LaVergne TN
LVHW020449070526
838199LV00063B/4894
* 9 7 8 9 3 5 8 7 2 3 2 9 8 *

حرفِ نم دیدہ

(شعری مجموعہ)

ڈاکٹر محمد علی اثر

© Mohammad Ali Asar

Harf-e-Nam-Deeda *(Poetry Collection)*
by: Mohammad Ali Asar
Edition: April '2024
Publisher :
Taemeer Publications LLC (Michigan, USA / Hyderabad, India)

ISBN 978-93-5872-329-8

مصنف یاناشر کی پیشگی اجازت کے بغیر اس کتاب کا کوئی بھی حصہ کسی بھی شکل میں بشمول ویب سائٹ پر اَپ لوڈنگ کے لیے استعمال نہ کیا جائے۔ نیز اس کتاب پر کسی بھی قسم کے تنازع کو نمٹانے کا اختیار صرف حیدرآباد (تلنگانہ) کی عدلیہ کو ہوگا۔

© محمد علی اثر

کتاب	:	**حرفِ نم دیدہ** (شعری مجموعہ)
مصنف	:	**ڈاکٹر محمد علی اثر**
صنف	:	شاعری
ناشر	:	تعمیر پبلی کیشنز (حیدرآباد، انڈیا)
سالِ اشاعت	:	۲۰۲۴ء
صفحات	:	۱۱۲
سرورق ڈیزائن	:	تعمیر ویب ڈیزائن

اِنتسَابؑ

برادرِ محترم

ڈاکٹر معین الدین عقیل

(استاد شعبۂ اردو، کراچی یونیورسٹی)

اور

محبِ مکرّم

جناب محمد سراج الدین

(سکریٹری مدراس اکیڈمی، حیدرآباد)

کے نام

نام	:	محمد علی اثر
تاریخ پیدائش	:	۲۲/دسمبر ۱۹۳۹ء
تعلیم	:	ایم اے (گولڈ میڈلسٹ)
		پی ایچ ڈی
		مخطوطہ شناسی کا پوسٹ، ایم اے ڈپلوما
ملازمت		ریڈر شعبۂ اردو (عثمانیہ یونیورسٹی)
		ویمنس کالج، کوٹھی، حیدرآباد

حرفِ نم دیدہ (شاعری) 5 ڈاکٹر محمد علی اثر

ترتیب

محقق شاعر — پروفیسر گیان چند جین ۸
"حرف نم دیدہ" کا شاعر — پروفیسر سلیمان اطہر جاوید ۱۱
تاثرات — پروفیسر مغنی تبسم ۱۴
ڈاکٹر جمیل جالبی ۱۵

حمد ۱۶

نعت ۱۸

پہلا قدم ۲۰

یا سرِ عرش راستہ کر دے ۲۱
سامنے خنجر رکھ کر دیکھیں ۲۴
اندھیرے کی تحریر ۲۶
شام کا رنگ گہنی ہے ابھی ۲۷
مادرِ مہرباں ۲۹
آنسوؤں میں کبھی ڈھلی ہے رات ۳۰
شناخت ۳۱
اُگے ہیں زخم کی صورت گلاب آنکھوں میں ۳۲
البم ۳۵
آنکھوں سے کوئی خواب نکلنے نہیں دے گا ۳۶
ہمزاد ۳۷
علم و تحقیق کا سرمایہ دکن سے نکلا ۳۸
قادرِ مطلق بتا؟ ۴۰
مرے وجود سے لگتی ہے اک صدا جگنو ۴۱
المیہ ۴۲
ہر طرف رات کا پھیلا ہوا دریا دیکھوں ۴۳

تبدیلی ۴۵
کبھی منعقد، کبھی محفل ٹھہرا ۴۶
عمر کا تقاضا ۴۷
جتنی شہرت اتنی ہی رسوائیاں ۴۸
توکل ۴۹
نظر سے دور ہے پھر بھی نظر میں رہتا ہے ۵۰
راہ نما ۵۱
جیسے مہکی ہوئی باد وں کا ہو جھونکا کوئی ۵۲
مناجات ۵۴
خیال یار وہ سورج جو ڈوبتا ہی نہیں ۵۵
طبع ادارہ ۵۷
دن کا ماتم ہے، روشنی کم ہے ۵۸
تسلی ۶۰
سانس لیتا ہوا بے برگ شجر کہتا ہے ۶۱
ڈاکٹر زور کی نذر ۶۳
ستارے بجھ رہے ہیں زندگی تقسیم ہوتی ہے ۶۴
جنگل میں صداؤں کے سنائی نہیں دیتا ۶۵
منفر دہل ڈانو ۶۷
کسی کا نقش جو بل بھر رہا ہے آنکھوں میں ۶۸
تیرس ٹاور ۶۹
یہ دیکھنا ہے کہ کس سمت جا نکلی ہے ۷۰
نصاب عقل کا اک باب ۷۲
آغاز انو کھا ہو تو انجام نیا ہو ۷۳
وہی اصل حقیقت ہے ۷۴
منظر ایسا بھی سہانا تھا وہاں ۷۵
قلاذ شکست کی یاد میں ۷۶

کتبہ ۷۸
ہم کربِ مسلسل سے گذر کیوں نہیں جاتے ۷۹
زوال ۸۰
غزل مزاج ہے، یکسر غزل کا لہجہ ہے ۸۱
دو قطعے ۸۲
آنگنوں میں آؤ نگہتِ سورج ۸۴
اے زر نگار نور۔۔۔۔ ۸۶
قدو قحطنی کی راہوں میں انجانے ہوں گے ۸۹
انعام ۹۱
راہِ نجات ۹۱
دوستوں سے عمر بھر لڑتے رہے ۹۲
ذوقِ مطالعہ ۹۳
دلوں کے درد کا رشتہ مری تلاش میں ہے ۹۴
متاعِ عمرِ گذشتہ سمیٹ کر لے جاؤ ۹۵
تم اتنا جانتے ہو تو ۹۶
کتنی راتوں سے جل رہا ہوں میں ۹۸
فاصلہ ۱۰۰
نقدِ جاں ۱۰۱
گنگناتی ہے غزل گاتی ہے ۱۰۲
ایک نظم ۱۰۳
نو حوا حساس پہ برائے گانا انجلی بن کر ۱۰۴
اک حسیں یاد بھر ساتھ چلتے رہی ۱۰۶
پرانے تماشے ۱۰۷
تو نے نہ لے الفاظ کو کنگ بنا دیے ۱۰۸
ٹوٹ کر رہ گیا اپنے سے رشتہ اپنا ۱۱۰
نغمۂ ناسخِ طاعت ۱۱۱

محقق شاعر

ڈاکٹر محمد علی اثر نئی نسل کے ممتاز ترین محقق دکنیات ہیں۔ دکنی غزل پر ان کی کتاب اپنے موضوع پر سنگ میل کی حیثیت رکھتی ہے لیکن وہ بڑے محقق ہی نہیں فن کار بھی ہیں۔ ان کا تخلص ان کی سخنوری کا غماز ہے۔ ادھر مجھے ان کی چند شعری تخلیقات دیکھنے کا اتفاق ہوا جس سے یہ تاثر ملا کہ اگر وہ تحقیق نہ کرتے اور محض شاعری کے رہین ہوجاتے تو اس کوچے میں بھی اپنا مقام مسلّم کرالیتے، لیکن فی الحال ان کی تحقیقی شخصیت نے ان کی شاعرانہ شخصیت کو دبادیا ہے۔

ادھر کچھ پہلے وہ امریکہ رہ کر آئے ہیں۔ شاید بیماری کے علاج کے سلسلہ میں آج کے دور میں ہر شخص یوں بھی پریشان رہتا ہے، جسے ایک شدید بیماری لاحق رہی ہو اسکا قنوطی ہونا اور بھی لازمی ہے۔ اور یہ رنگ ان کے کلام میں بھی جھلکتا ہے۔ نظم " قادر مطلق بتا " میں وہ مشیت سے شاکی نظر آتے ہیں۔

زندگی بھر الجھنیں ہی الجھنیں ——

اور

بعد مرگ نازل ہو عذاب

ایک مشتِ خاک کی خاطر ہیں کیا کیا اہتمام ... !

لیکن پھر مذہب کا سہارا لیتے ہیں اور نظم " پہلا قدم " میں کہتے ہیں

اُسی کا نام لیں

پہلا قدم رکھیں

بے بسی اور پسپائی کا یہ رنگ غزلوں میں اور نمایاں ہو کر جھلکتا ہے۔

کوئی چہرہ بھی دکھائی نہیں دیتا مجھ کو
یہ دھواں دیکھئے تا حدِّ نظر کیسا ہے

تیرہ بختوں کی نگاہوں میں کہاں ہے سورج
شب کا افسانہ بہ عنوانِ سحر کیسا ہے

قدم قدم پہ چراغوں کی مانس رکھتی ہے
کہ اب تو شہروں میں جینا عذاب لگتا ہے

کبھی کبھی وہ سماج کی موجودہ صورتحال پر فکر و نظر کی گہرائی کے ساتھ تبصرہ کرتے ہیں ؎

اچٹتی آنکھ سے تہذیب کا سفر کیسا
تو اپنے آپ کو تاریخ کے ادھر لے جا

کب تک یوں ہی بھٹکیں گے تمنّا کے مسافر
ماضی کے سمندر میں اُتر کیوں نہیں جاتے

جدید شاعری نے حسن و عشق کے موضوع کو عینیت اور تخیلیت سے آزاد کرایا ہے اثر بھی کبھی اس انداز سے لکھتے ہیں جس میں تجربے اور مشاہدے کی تازگی ہے ؎

وہ ایک لڑکی جیسے زعمِ خود شناسی ہے
کلاس روم سے اکثر خفا نکلتی ہے

وہ بن سنور کے نکلتی ہے جس گھڑی گھر سے
خموشیوں کے بھی لب سے صدا نکلتی ہے

مندرجہ بالا شعر پڑھ کر اقبال کے اس شعر کی یاد ناگزیر ہے

وہ مستِ ناز جو گلشن میں آنکلتی ہے
کلی کلی کی زباں سے دعا نکلتی ہے

اور جب وہ اپنی اُداس رومانیت کو عالمانہ لفظیات کے ساتھ بیان کرتے ہیں تو انکا ڈکشن افتخار عارف کی یاد دلاتا ہے

ہر ایک اشک ہے دیباچہ تیری یادوں کا
کھلی ہوئی ہے غموں کی کتاب آنکھوں میں

کتابِ عشق کا عنوان تو مٹ گیا لیکن
لکھا ہوا ہے ابھی انتساب آنکھوں میں

چہار سمت ہیں ابیاتِ زندگی روشن
بسا ہے جب سے کوئی خوش نصاب آنکھوں میں

ان اشعار کو دیکھ کر کون اس سے انکار کر سکتا ہے کہ تحقیق کو بھلا دیا جائے تو بطور شاعر انہیں یاد رکھنا

پڑے گا۔ لیکن وہ شعر میں بھی کبھی کبھی اپنی تحقیقی شخصیت کی یاد دلاتے ہیں۔ مثلاً ذیل کے مکتبی اشعار میں ؎

تنقید کی بنیاد میں تحقیق چھپی ہے
تشکیک کی راہوں سے حقائق کا پتہ دے

علم و تحقیق کا سرمایہ دکن سے نکلا
ہر نیا باب قطب شاہ کے فن سے نکلا

کس عرق ریزی سے مخطوطہ شناسی کی ہے
کیسے کیسے دُرِ نایاب نکالے ہونگے

ق

ایک ایک لفظ کے سینے میں اترنے کے لئے
کتنے دیمک زدہ اوراق کھنگالے ہوں گے

یہ تحقیقی عمل تھا۔ میں ذیل کے شعر کا اطلاق شعر کے تخلیقی عمل پر کروں گا ؎

جاگتی آنکھوں کی تحریر سمجھ میں آئی
سرد کمرے میں جو اک شعلۂ بدن سے نکلا

اپنے تاثرات کو ذیل کے پر کیف اشعار پر ختم کرتا ہوں ؎

ہر رات لکھا کرتے ہیں پریوں کی کہانی
اور صبح کو اوراق نظر آتے ہیں سادے

بجھتے بجھتے افق پہ سورج نے
ایک تازہ غزل کہی ہے ابھی

ڈاکٹر گیان چند جین
سابق پروفیسر و صدر شعبہ اردو
حیدرآباد سنٹرل یونیورسٹی

۱۳ر جولائی ۱۹۹۰ء
۹/۲۵ اندرانگر۔ لکھنو

حرفِ نم دیدہ کا شاعر

ڈاکٹر محمد علی اثرؔ قدیم اردو (دکنیات) میں خاصا درک رکھتے ہیں لیکن شعر کہتے ہیں نئے رنگ اور جدید انداز کے۔ شکر ہے کہ جدیدیت کے بے ڈھنگے پن سے انہوں نے اپنا دامن بچائے رکھا ہے۔ اور یہ کچھ نہیں صرف اس وجہ سے کہ ان کی شخصیت اور فن پر اردو کی شعری روایات اور کلاسیکیت کی گرفت مضبوط ہے۔ اثر کا ایک شعری مجموعہ " ملاقات " شائع ہو چکا ہے اور اب وہ اپنا دوسرا شعری مجموعہ " حرفِ نم دیدہ " پیش کر رہے ہیں۔

دکنیات سے غیر معمولی شغف کے باعث ڈاکٹر اثر کی کلاسیکل شاعری اور شعریات پر گہری نظر ہے۔ وہ ہماری تہذیبی قدروں سے بھی آشنا ہیں اور اردو کی شعری روایات سے بہرہ ور بھی۔ ان کے پاس جذبہ و احساس کی ندرت بھی ہے اور فکر کا قدرے بانکپن بھی --- زبان و بیان اور فن کی پابندیوں کا تو وہ لحاظ رکھتے ہی ہیں۔ شعر سنبھل سنبھل کر کہنے کی وجہ سے ان کے لہجہ میں کھنک اور توانائی کا احساس ہوتا ہے اور بعض اشعار تو بڑے طرحدار اور خوبصورت ہیں۔ یہ چند شعر ہ

تو جارہا ہے تو میری سسکتی آنکھوں سے
سلگتی شام ، پگھلتی ہوئی سحر لے جا

اچٹتی آنکھ سے تہذیب کا سفر کیسا
تو اپنے آپ کو تاریخ کے ادھر لے جا

جس سے سینوں میں پھول کھل جائیں
زخم ایسے بھی کچھ عطا کردے

خوشی اس امر کی ہے کہ ڈاکٹر اثر عصری رجحانات ، موضوعات اور مسائل پر بھی گہری نظر رکھتے ہیں اور اپنے اطراف واکناف سے خاصے باخبر ہیں۔ نظموں سے قطع نظر، جن میں بالعموم معاشرے کے درد و کرب اور زندگی وزمانہ کے پیچ وخم کی ترجمانی زیادہ ہوتی ہے ، اثر کی غزلوں میں بھی اپنے دور کی دل کی دھڑکنوں کو بآسانی محسوس کیا جاسکتا ہے۔ میں یہاں پہلے ان کی منظومات کا حوالہ دوں گا۔ " قادر مطلق بتا؟ "، " راہ نجات "اور" مناجات "جیسی مختصر ترین اور مختصر منظومات میں انہوں نے نہایت جامعیت کے ساتھ اور موثر انداز میں اپنی بات کہی ہے اور یہ ہے نظم " اندھیرے کی تحریر "آپ خود ملاحظہ فرمائیں۔

دھواں ہیں گنبد و مینار کی ساری فضائیں
کلس کے رنگ
مدھم پڑ رہے ہیں
شعاعوں کا سفر جاری ہے
لیکن
اندھیرا گہرا بڑھتا جا رہا ہے
نگاہیں روشنی کی منتظر ہیں..

ونیز " مادر مہرباں "" پہلا قدم "اور راہ نما بھی اچھی مختصر نظمیں ہیں۔ غزلوں کے اشعار میں بھی ڈاکٹر اثر نے عصری زندگی کے کرب وبالخصوص عدم تحفظ ذہنی فضا اور معاشرہ کی بے حسی کو اپنے طور پر عمدہ انداز میں منعکس کرنے کی سعی کی ہے۔ یہ اشعار پڑھنے سے تعلق رکھتے ہیں۔

اُگے ہیں زخم کی صورت گلاب آنکھوں میں
چھپائے پھرتے ہیں صدیوں کے خواب آنکھوں میں

موت شہروں میں پھری ہے اثر
خیریت پوچھ کر گئی ہے ابھی

قدم قدم پہ چراغوں کی سانس رکتی ہے
کہ اب تو شہروں میں جینا عذاب لگتا ہے

اب اپنی تشنہ لبی پہ نہ جانیے گا اثرؔ
سمندروں کا محافظ بھی آج پیاسا ہے

ڈاکٹر اثر کو ادھر امریکہ میں بھی قیام کا موقع ملا۔ مغربی زندگی اور معاشرت کو انہوں نے قریب سے دیکھا اور محسوس کیا اور جہاں تہاں اس کو اپنی شاعری میں سمونے کی کوشش بھی کی ہے۔ ان کے اشعار پڑھئے، کہیں کہیں بین السطور اس کا احساس ہوگا۔ وہ مغرب کے بارے میں بھی اپنے مطالعہ اور تاثرات کو کام میں لائیں اور اپنے وژن کو نیا رنگ دیں۔ ایسی توقع کی جانی چاہئیے۔

اثر کا جمالیاتی ذوق رچا ہوا ہے۔ جس میں دکنی شاعری کے نشاطیہ عناصر کی لہریں ملتی ہیں قابل مبارک باد ہیں کہ انہوں نے اپنا چراغ جلاتے ہوئے مغرب و مشرق اور قدیم و جدید سب سے استفادہ کیا ہے۔ یہ کیفیت جوں جوں فزوں ہوتی جائے گی، ان کی شاعری اور نکھرے گی اور اس میں کوئی شبہ نہیں کہ ان کی انفرادیت میں اس نکھار کا حصہ بھی ہوگا۔

"حرف نم دیدہ" کی اشاعت پر میں ڈاکٹر محمد علی اثر کو مبارکباد دیتا ہوں۔

(ڈاکٹر) سلیمان اطہر جاوید

۳۱/ اکتوبر ۱۹۹۰ء
پروفیسر شعبہ اردو
ایس۔ وی یونیورسٹی، تروپتی (اے۔ پی)

تاثرات

محمد علی اثر اچھے غزل گو شاعر ہیں ۔ ان کی غزل کا اسلوب اس روایت سے منسلک ہے جسے ناصر کاظمی نے پروان چڑھایا تھا ۔ اثر جذبے اور خیال کے بیان پر محسوسات اور کیفیات کے ایمائی اور استعاراتی اظہار کو ترجیح دیتے ہیں اور پیکر تراشی سے کام لیتے ہیں ۔ اس مجموعے کی غزلوں کے مطالعے سے اندازہ ہوتا ہے کہ وہ اپنا لہجہ پا چکے ہیں اور جلد ہی اپنی شناخت بنالیں گے ۔ انہوں نے مختصر نظمیں بھی لکھی ہیں جو اپنے اختصار اور ایمائیت کی وجہ سے فوری تاثر کو ابھارتی ہیں ۔

۲۱ راکتوبر سنہ ۱۹۹۰ء

(ڈاکٹر) مغنی تبسم
سابق پروفیسر و صدر شعبہ اردو
عثمانیہ یونیورسٹی حیدرآباد

"ڈاکٹر محمد علی اثر" نہ صرف دکنی ادب کے بڑے محقق ہیں بلکہ دکنی کلچر کی روح اور اس کی فضاء ان کی شاعری میں ایک ایسا خوبصورت رنگ پیدا کرتی ہے جو آنکھوں کو بھاتا ہے اور دل میں اتر جاتا ہے۔ جناب اثر روایتی شاعر نہیں ہیں عہد حاضر کی روح ان کی شاعری میں، بلبلِ خوشنوا، کی طرح، زندگی کے تناور درخت کی شاخوں پر چہکتی ہے۔ ان کی لفظیات جدید ہے ان کا لہجہ لوچ دار اور موثر ہے۔ غزل میں ایسے شعر ڈاکٹر اثر ہی کہہ سکتے ہیں ؎

علم و تحقیق کا سرمایہ دکن سے نکلا
ہر نیاب قطب شاہ کے فن سے نکلا

چہار سمت ہیں ابیاتِ زندگی روشن !
بسا ہے جب سے کوئی خوش نصاب آنکھوں میں

میں ان کی شاعری کا ان کی تحقیق کی طرح قائل ہوں۔

ڈاکٹر جمیل جالبی
صدر نشین مقتدرہ قومی زبان اسلام آباد۔

۱۸ر ستمبر ۱۹۹۰ء

حمد

یہ مرا جسم اور جاں تجھ سے
آرزوؤں کا گلستاں تجھ سے

بے نہایت عنایتیں تیری!
فکر و دانش کا اک جہاں تجھ سے

ٹوٹتی ساعتوں کے صحرا میں
زندگانی کا ہر نشاں تجھ سے

لامکاں پر ترا تصرف ہے
اور سارے زماں مکاں تجھ سے

رحم فرما زمین والوں پر
شش جہت، ہفت آسماں تجھ سے

آدمیت کی سرفرازی ہو
ابنِ آدم ہے ضوفشاں تجھ سے

ہفت افلاک، ہفت ہی اشعار
ہے اثرؔ کا قلم رواں تجھ سے

نعتؐ

ہے خدا بھی فدا محمدؐ کا
کیا کہیں مرتبہ محمدؐ کا

دل کے آنگن میں روشنی اتری
نام جب بھی لیا محمدؐ کا

ہر زمانے کی آنکھ نے چوما
جب ملا نقشِ پا محمدؐ کا

منزلِ حق اسے نصیب ہوئی
جس نے کلمہ پڑھا محمدؐ کا

کیسے دو نیم ہو گیا تھا قمر
جب اشارہ ہوا محمدؐ کا

جس کو آنا ہے وہ اِدھر آئے
ہے سدا در کھلا محمدؐ کا

جس طرف سچ کی روشنی ہے اثرؔ
ہے اُدھر راستہ محمدؐ کا

پہلا قدم

نیا رستہ ——
اکیلا پن
سفر سے بھی منفرد کب ہے
اُسی کا نام لیں
پہلا قدم رکھیں

••

یا سرِ عرش راستہ کردے
یا مِرے دل کی آنکھ وا کردے

پتھروں میں بھی پھول مہکیں گے
پہلے اس دِل کو آئینہ کردے

آرزوؤں کی خشک شاخوں کو
سبز پتا کوئی عطا کردے

چار دن کی یہ زندگی کب تک؟
پانچویں دن سے آشنا کر دے

جس سے سینوں میں پھول کھل جائیں
زخم ایسے بھی کچھ عطا کر دے

لفظ و معنیٰ میں ہو اثرؔ پیدا
کچھ تو ایسا مِرے خدا کر دے

سامنے خنجر رکھ کر دیکھیں
دل ہے پھول کہ پتھر دیکھیں

قطرے میں دریا کو سمو کر
جزو میں کُل کا منظر دیکھیں

اپنی قامت، اپنا چہرہ
خود سے دُور نکل کر دیکھیں

آگ ہے دونوں کی آنکھوں میں
جلتا ہے کس کا گھر دیکھیں

اب کیا نام کی زیبائش ہی
ہر گھر کی تختی پر دیکھیں

آنکھ میں جب چہرہ ہو تیرا
اپنا چہرہ کیوں کر دیکھیں

گم گشتہ خوشبو کا چہرا
در در ڈھونڈیں گھر گھر دیکھیں

کِس سے باتیں کرتا ہے وہ
تنہائی میں چھُپ کر دیکھیں

رات کی باہوں میں کھو جائیں
خواب سہانے جی بھر دیکھیں

ایک جزیرہ ہو اور ہم تم
چاروں اُور سمندر دیکھیں!

شبنم سے بھی نازک ہے وہ
نظروں ہی سے چھُو کر دیکھیں

سانولی رنگت، چھب البیلی
آئینے میں بس کر دیکھیں

دم خم ہے آندھی میں کتنا
آؤ دیپ جلا کر دیکھیں!

ہم سے کیسے ملتا ہے وہ
خواب میں اس کے جا کر دیکھیں

آنکھیں منظر میں ڈوبی ہیں
آپ اثرؔ پس منظر دیکھیں

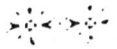

اندھیرے کی تحریر

دھواں ہیں گنبد و مینار کی ساری فضائیں
کلس کے رنگ
مدھم پڑ رہے ہیں
شعاعوں کا سفر جاری ہے
لیکن
اندھیرا ہے کہ بڑھتا جا رہا ہے
نگاہیں روشنی کی منتظر ہیں
..

شام کا رنگ چمپئی ہے ابھی
دن کے چہرے پہ تازگی ہے ابھی

تو ملا بھی تو یوں ہوا محسوس!
جیسے مجھ میں کوئی کمی ہے ابھی

بجھتے بجھتے اُفق پہ سورج نے
ایک تازہ غزل کہی ہے ابھی

مٹ چکے ہیں اگرچہ نقشِ قدم
ایک آواز آ رہی ہے ابھی

غم کی پلکوں پہ عکس لرزاں ہیں
صبح شاید کہیں پھٹی ہے ابھی

چاند بادل میں چھپ گیا ہے مگر
میری آنکھوں میں روشنی ہے ابھی

موت شہروں میں پھر رہی ہے اثرؔ
خیریت پوچھ کر گئی ہے ابھی

مادرِ مہرباں

زمیں ماں ہے
ہماری آنکھ لگنے تک
کِھلاتی اور پلاتی ہے
پھر اپنی گود میں
آرام سے سب کو سُلاتی ہے

••

آنسوؤں میں کبھی ڈھلی ہے رات
درد بن کے کبھی اُٹھی ہے رات

کوئی سورج کہیں سے آجائے
کتنی ویران ہوگئی ہے رات

صبح سے ہم کلام ہونے کو
"زینہ زینہ اتر رہی ہے رات"

پھر اُجالوں کا خوں ہوا شاید
قتل گاہوں میں بٹ گئی ہے رات

دِل میں کہرام کم نہ ہوگا اثرؔ
تم بھی سوجاؤ سوگئی ہے رات

شناخت

اکیلے چل پڑو
نقشِ قدم چھوڑو
وہ خود اک رہ گذر بن جائیں گے آخر
۔۔

اُگے ہیں زخم کی صورت گلاب آنکھوں میں
چھُپائے پھرتے ہیں صدیوں کے خواب آنکھوں میں

کتابِ عشق کا عنواں تو مٹ گیا لیکن
لکھا ہوا ہے ابھی انتساب آنکھوں میں

ہر ایک اشک ہے دیباچہ تیری یادوں کا
"کھُلی ہوئی ہے غموں کی کتاب آنکھوں میں"

گئی رُتوں کا ہر اک نقش جگمگاتا ہے
مثالِ نجم و مہ و آفتاب آنکھوں میں

چہار سمت ہیں آیاتِ زندگی روشن
بسا ہے جب سے کوئی خوش نصاب آنکھوں میں

پلک پلک پہ فروزاں تھے جس سے ماہ و نجوم
دھواں دھواں ہے وہی ایک خواب آنکھوں میں

سپردگی کا وہ منظر بہ وقتِ شامِ وداع
سمٹ کے رہ گئے سارے حجاب آنکھوں میں

عجیب شخص ہے ہونٹوں سے کوئی کام نہ لے
ہر اک سوال کا رکھ دے جواب آنکھوں میں

کہیں ببول، کہیں پر گلاب کی صورت
ہیں دھوپ چھاؤں کی مانند خواب آنکھوں میں

ہر ایک حرف ہے نم دیدہ، لفظ لفظ اداس!
لکھی ہے کس نے یہ تحریرِ آب آنکھوں میں

جدھر بھی دیکھوں، اُدھر نُور کا سمندر ہے
چھُپا ہے جب سے کوئی لعلِ ناب آنکھوں میں

یہ سوچتا ہوں کہ بابِ اثرؔ کھُلے نہ کھُلے
زمیں کی گرد ہے خانہ خراب آنکھوں میں

البم

عمرِ رفتہ کے ریشمی لمحے —
دھند میں کھو گئے دھواں بن کر
نغمہ و رنگ کے سبھی موسم
رہ گئے ذہن میں خزاں بن کر
بن گیا حال کتبۂ ماضی
کیسی دنیا ہے اس کا ہر منظر
سنگ بستہ عذاب لگتا ہے
آنسوؤں کی کتاب لگتا ہے

••

تین شعر

آنکھوں سے کوئی خواب نکلنے نہیں دے گا
احساس ترا مجھ کو پگھلنے نہیں دے گا

باہر کی ہوائیں تو بہت شور کریں گی
دروازہ مگر گھر سے نکلنے نہیں دے گا

یادوں کے گلابوں سے مہکتا ہوا رستہ
دو گام سنبھل کر مجھے چلنے نہیں دے گا

ہمزاد

دوستوں کی رفاقتیں بھی درست
بھول جانے کا غم سوا' لیکن
یاد رکھیں تو وسوسے ہیں بہت
آنکھ' چہرہ' نظر کہاں سے لائیں
اپنے ہی گھر چلیں
ملیں سب سے
ہم میں اک دوسرا ہی بستا ہے
سچ ہے وہ ہم سبھوں سے اچھا ہے

••

علم و تحقیق کا سرمایہ دکن سے نکلا
ہر نیا باب قطب شاہ کے فن سے نکلا

بارشِ سنگ میں پھولوں کو بچانے والا
برگِ آوارہ کی مانند چمن سے نکلا

ہر نئی رُت نے اڑائی ہے صباحت تیری
ہر نیا رنگ ترے سانولے پن سے نکلا

میرے ہمراہ فقط گردِ سفر تھی پھر بھی
سُرخ رو ہوتا گیا میں جو وطن سے نکلا

اِس میں فرقت کی کھٹک ہے، نہ رفاقت کی مہک
کیسا انداز مرے طرزِ سخن سے نکلا

تیرے دیوانے کی آنکھوں میں تھی رعنائی عجب
صبح دم جب تری زلفوں کی شکن سے نکلا

اپنے بدلے ہوئے لہجے پہ نہ اِترائیں جناب!
ہر نیا جادہ کسی راہِ کہن سے نکلا

جاگتی آنکھوں کی تحریر سمجھ میں آئی
سرد کمرے میں جو اک شعلہ بدن سے نکلا

کتنے افسانے تراشے ہیں زمانے نے اثر
بے خیالی میں جو اک نام دہن سے نکلا

قادرِ مطلق بتا؟

زندگی بھر الجھنیں ہی الجھنیں ——
اور
بعدِ مرگ نازل ہو عذاب
ایک مشتِ خاک کی خاطر ہیں کیا کیا اہتمام

••

خالِ محترم میر فرید الدین حسین کی یاد میں

مرے وجود سے آتی ہے اک صدا مجھکو
کہ میرے جسم سے کر دے کوئی جدا مجھکو

مری تلاش کا حاصل فقط تحیّر ہے
میں کھو گیا ہوں کہاں خود نہیں پتا مجھکو

میں اپنے جسم کے اندر سمٹ کے بیٹھا ہوں
بلا رہا ہے کہیں دور سے خدا مجھکو

میں تجھکو دیکھوں مگر گفتگو نہ کر پاؤں
خدا کے واسطے ایسی نہ دے سزا مجھکو

وہ لہجہ اب بھی تصور میں گونجتا ہے اثر
وہ چہرا اب بھی دکھاتا ہے آئینہ مجھکو

المیہ

چاہتیں!
ایک ایسا عمل ہیں
جنھیں
آپ ہم کب سے دُہرا رہے ہیں
اِسے خون کا سلسلہ
اور مٹی کی تقدیس کا ربط
اظہار کے واسطوں کا تسلسل ہی کہیئے
مگر
کس کو مہلت کہ
فرسودہ باتوں پہ کچھ دھیان دے

••

ہر طرف رات کا پھیلا ہوا دریا دیکھوں
کس طرف جاؤں، کہاں ٹھہروں کہ چہرا دیکھوں

کس جگہ ٹہروں کہ ماضی کا سراپا دیکھوں
اپنے قدموں کے نشاں پر ترا رستہ دیکھوں

کب سے میں جاگ رہا ہوں یہ بتاؤں کیسے
آنکھ لگ جائے تو ممکن ہے سویرا دیکھوں

ناخدا ذات کی پتوار سنبھالے رکھنا
جب ہوا تیز چلے خود کو شکستہ دیکھوں

دن جو ڈھل جائے تو پھر درد کوئی جاگ اٹھے
شام ہو جائے تو پھر آپ کا رستہ دیکھوں

اب یہ عالم ہے کہ تنہائی ہی تنہائی ہے
یہ تمنا تھی کبھی خود کو بھی تنہا دیکھوں

دیدۂ خواب کو اُمیدِ ملاقات نہ دے
کس طرح اپنے ہی خوابوں کو سسکتا دیکھوں

رنگ دُھل جائیں غبارِ غمِ ہستی کے اثرؔ
اب کے منظر کوئی دیکھوں تو نیا دیکھوں

تبدیلی

اُترتی شام کے زینے پہ
رُک کر
نئے دن کا کوئی منظر تو دیکھیں
ذرا یکساں فضا کا کرب ٹوٹے

●●

کبھی مقتل، کبھی محفل ٹھہرا
اِک جزیرا جو مرا دل ٹھہرا

جس کو اک عمر بھلایا ہم نے
اب وہی فکر کا حاصل ٹھہرا

کتنے چہرے تھے برابر لیکن
ایک چہرا ہی مقابل ٹھہرا

دل میں طوفان اٹھے ہیں کیا کیا
جب سفینہ لبِ ساحل ٹھہرا

شاعری جس کا اشارہ ہے اثرؔ
وہی جادہ، وہی منزل ٹھہرا

عصری تقاضا

اِسے دیکھو
اِسے لکھو
اِسے احساس کے دامن میں بھر لو
یہی تخلیق کا عصری تقاضا ہے

..

جتنی شہرت اتنی ہی رسوائیاں
انجمن کے نام پر تنہائیاں

لمس کی خوشبو، بدن کی چاندنی
روشنی کی ہیں بہار آرائیاں

جیسے انساں کا مقدر ہو گئیں
بے یقینی، رتجگے، تنہائیاں

آسمانوں کا سفر، صدیوں کی گونج
روشنی کی ہر طرف پرچھائیاں

وہ ملاقاتیں مداراتیں گئیں
ساتھ چلتی ہیں مگر پرچھائیاں

ہم نے وہ منظر بھی دیکھا ہے اثرؔ
بولتی ہیں دار پر سچائیاں

توکّل

نہیں کیا آسماں پر
تیرا ایماں
بتا اے زندگی
کیوں ہے
سراسیمہ پریشاں
کہ تیرا زخم خود ہے تیرا درماں

۰۰

نظر سے دور ہے پھر بھی نظر میں رہتا ہے
چراغ بن کے مری رہ گذر میں رہتا ہے

اُجڑ چکی ہے یہ بستی مگر وہ شخص ابھی
بڑے خلوص سے دل کے کھنڈر میں رہتا ہے

نہ جانے دن کے اُجالے میں کیوں نہیں ملتا!
تمام رات مری چشمِ تر میں رہتا ہے

بس ڈھونڈتا ہوں تو مجھ کو نظر نہیں آتا
وہ ایک شخص جو میرے ہی گھر میں رہتا ہے

راہ نُماؐ

وہ خود تو ٹیڑھے میڑھے راستوں پر
گامزن ہے
مگر رستہ دکھاتا ہے
جو رستہ
عافیت اور عاقبت کا ہے

••

جیسے مہکی ہوئی یادوں کا ہو جھونکا کوئی
غم کے صحرا میں کچھ اس طرح در آیا کوئی

نیند پلکوں پہ گراں بار ہوئی جاتی ہے
دل کی رگ رگ میں اُبھرتا ہے سراپا کوئی

آئینہ بھی تو نہیں پاس کہ خود کو دیکھوں !
میری مانند نہ ہوگا کہیں تنہا کوئی

اب نئے لفظوں کے موسم کی خبر دیتا ہے
فکر کی دھوپ میں جلتا ہوا سایا کوئی

کس خرابے میں تو اے عمرِ رواں چھوڑ گئی
کربِ احساس کا ملتا نہیں لمحہ کوئی

شمعِ رخسارِ نگاراں بھی ہے مدھم مدھم
کس طرح دیکھے بھلا زخم کا چہرا کوئی

دل کے دروازے پہ دستک تو ہوئی ہے لیکن
دیکھنا کون ہے اپنا کہ پرایا کوئی

جانے کیوں آج ترے شہر میں دیوانے پر
ایک پتھر بھی کسی نے نہ اٹھایا کوئی

کم سے کم اتنا دعاؤں میں اثر ہو پیدا
ہاتھ اٹھاؤں تو ملے دشت میں صحرا کوئی

٭٭٭

مناجاتؒ

وحشتوں کے سراب موسم میں
بے گناہی بھی جرم ٹھہرے گی
اب عقیدوں کے اوڑھنے سے کیا
فلسفے ریزہ ریزہ بکھرے ہیں
قتل گاہیں قدم قدم دیکھیں
آج جیسے بھی ہیں غنیمت ہیں
کل کے بارے میں سوچنا کیا ہے
دھند پھیلی ہوئی ہے چار طرف
جسم اور روح دونوں پژمردہ
المدد!
دو جہان کے مالک

●●

خیال یار وہ سورج جو ڈوبتا ہی نہیں
نظر نظر کو اندھیروں سے واسطہ ہی نہیں

تمہاری آنکھ کا آئینہ میری ذات میں ہے
یہ راز وہ ہے کوئی جس کو کھولتا ہی نہیں

زباں خموش رہے بھی تو آنکھ بول اٹھے
دِلوں کا درد چھُپائیں یہ حوصلہ ہی نہیں

میں اپنے خول سے باہر نکل سکوں کیسے
حصارِ جسم کچھ ایسا ہے ٹوٹتا ہی نہیں

کہاں کٹا مری آرزوؤں کا سورج
کبھی خیال کا پرتو یہ پوچھتا ہی نہیں

مجھے حیات کی بیداریوں کا غم کیوں ہو
خمارِ نیم شبی ہے کہ ٹوٹتا ہی نہیں

طیرِ آوارہؑ

رات دل کے آنگن میں
ایک طیرِ آوارہ
سیٹیاں بجاتا ہے
مَن کو گُدگُداتا ہے
تیرگی کے جنگل میں، صبح کی کرن چمکی
اور وہ طیرِ آوارہ
آپ اپنے زنداں میں پھر سے، ہوگیا محبوس!

••

دن کا ماتم ہے روشنی کم ہے
ماہ و انجم کی آنکھ پُرنم ہے

صبح اک سنگِ میل خوشیوں کا
رات تو صرف وقفۂ غم ہے

زندگی کیا ہے اک رمِ آہو
استعارہ ہے اور مبہم ہے

اب تو اُمید کا دیا بھی نہیں
سانس رکتی ہے زندگی کم ہے

ہم نہیں جانتے خوشی کیا ہے
آنکھ پُرنم تھی، آنکھ پُرنم ہے

پھر وہی تیرگی، وہی افسوں
زلف کی برہمی کا ماتم ہے

فکر سے آنچ اُٹھ رہی ہے اثرؔ
شاعری کا مزاج برہم ہے

تسلّی

اُترتی رات کے زینے سے لگ کر سوچتا ہوں
صبح جب ہو گی
میں اپنی جستجو میں چل پڑوں گا
ساعتوں کے ٹوٹتے صحرا سے نکلوں گا
نئی منزل' نیا جادہ' اجالا ہی اجالا
دور تک انسانیت کا بول بالا
خیال اچھا ہے خود کو بھول جانے کا
چلو یوں بھی تو کر دیکھیں ...

●●

سانس لیتا ہوا بے برگ شجر کیسا ہے
برف باری میں یہ جلتا ہوا گھر کیسا ہے

اب کے واپس کوئی آجائے تو اس سے پوچھیں
غیر آباد علاقے کا سفر کیسا ہے

کوئی چہرا بھی دکھائی نہیں دیتا مجھکو
یہ دھواں دیکھئے تا حدِ نظر کیسا ہے

میری آواز میں آواز ملا دیتا ہے
میرے اندر وہ جو پنہاں ہے بشر کیسا ہے

تیرہ بختوں کی نگاہوں میں کہاں ہے سورج
شب کا افسانہ بعنوانِ سحر کیسا ہے

ہر طرف پھیلا ہے گم گشتہ فضاؤں کا دھواں
کوئی دیکھے یہ سرابوں کا نگر کیسا ہے

اب کے فرصت جو ملے ہم بھی اُدھر ہو آئیں
شاعری کرنے کا یاروں میں ہُنر کیسا ہے

ساری دنیا کی نگاہوں میں اثر کچھ بھی سہی
فیصلہ آپ کو کرنا ہے اثر کیسا ہے

ڈاکٹر زورؔ[۱] کی نذر

کس عرق ریزی سے مخطوطہ شناسی کی ہے
کیسے کیسے دُرِ نایاب نکالے ہوں گے
ایک اک لفظ کے سینے میں اُترنے کیلئے
کتنے دیمک زدہ اوراق کھنگالے ہوں گے

۱۔ مشہور محقق اور ماہرِ دکنیات ڈاکٹر سید محی الدین قادری زورؔ

ستارے بجھ رہے ہیں زندگی تقسیم ہوتی ہے
سرِ مژگاں کوئی شئے شبنمی تقسیم ہوتی ہے

بنامِ ہوش یاں دیوانگی تقسیم ہوتی ہے
تمہارے شہر میں بے چہرگی تقسیم ہوتی ہے

دکن کی سرزمیں ہے اب بھی روشن نورِ دانش سے
دیارِ علم وفن میں آگہی تقسیم ہوتی ہے

شعورِ حرّیت جب ڈوب جائے گا اندھیرے میں
تو دیکھیں کس افق پر بندگی تقسیم ہوتی ہے

اثرؔ دل کے افق پر پھر نیا سورج ابھر آیا
نفس کی آگ، غم کی روشنی تقسیم ہوتی ہے

جنگل میں صداؤں کے سُنائی نہیں دیتا
وہ بھیڑ ہے چہرا بھی سجھائی نہیں دیتا

بے چین ہوں آفاق کی وسعت میں بکھرنے
کیوں جسم کے زنداں سے رہائی نہیں دیتا

برسات میں وہ بھیگتا رہتا ہے خوشی سے
آندھی میں بھی وہ پیڑ دہائی نہیں دیتا

وہ [illegible] رفاقت کی روایت کا امین ہے
وہ حق بھی تو اک بھائی کو بھائی نہیں دیتا

بے مانگے بھی دے دیتا ہے شاہی وہ کسی کو
اور مانگنے والے کو گدائی نہیں دیتا

پڑ جائے اگر وقت تو اس دور میں کوئی !
پربت تو بڑی بات ہے رائی نہیں دیتا

ہو دیدۂ بینا تو نظر آئے گا تم کو !
غم ہر کس و ناکس کو دکھائی نہیں دیتا

وہ شخص جو رہتا ہے اثر آنکھ میں ہر دم !
حیرت ہے کہ خود مجھ کو دکھائی نہیں دیتا

منظر بدل ڈالو

سُکوں ناآشنا حالات میں جینا
جنُوں کا حوصلہ رکھنا
اگر جی کا زیاں ٹھہرے
تو پھر
منظر بدل ڈالو

••

کسی کا نقش جو پل بھر رہا ہے آنکھوں میں
بڑے خلوص سے گھر کر رہا ہے آنکھوں میں

زمیں سے تابہ ثریا ہے روشنی لیکن
یہاں تو رات کا منظر رہا ہے آنکھوں میں

چلا گیا ہے تصور کی سرحدوں سے پرے
وہ ایک شخص جو اکثر رہا ہے آنکھوں میں

ابھی ابھی کوئی شہرِ طرب سے گذرا ہے
کِسے دکھاؤں دھواں بھر رہا ہے آنکھوں میں

تری نظر میں مروت اگر نہیں، نہ سہی
مرا خلوص برابر رہا ہے آنکھوں میں

برادرم ابراھیم خلیل کی نذر

سیئرس ٹاور[1]

SEARS TOWER

یہ منارہ آسماں کا ہم نشیں
دیکھنا جھک کر زمیں
اس بلندی سے
بلندی پر
کوئی منظر نہیں

••

1. دنیا کی سب سے بلند عمارت (شکاگو)

یہ دیکھنا ہے کہ کس سمت جا نکلتی ہے
گلوں کو چوم کے بادِ صبا نکلتی ہے

نہ کوئی شور نہ آہٹ نہ چاپ قدموں کی
کس احتیاط سے ملنے کو آ نکلتی ہے

وہ ایک لڑکی جسے زعمِ خود شناسی ہے
کلاس روم سے اکثر خفا نکلتی ہے

وہ بن سنورکے نکلتی ہے جس گھڑی گھر سے
خموشیوں کے بھی لب سے صدا نکلتی ہے

دروغِ مصلحت آمیز کے خرابے میں
ذرا سی بات بہت دور جا نکلتی ہے

تمام عمر مرا دِل دُکھا ہے جس کے سبب
اُسی کے حق میں برابر دعا نکلتی ہے

تُو اپنے قد پہ نہ نازاں ہو اے نگارِ حیات
کہ زندگی ترے قد سے ذرا نکلتی ہے

نسیمِ صبح کے ہلکے سے ایک جھونکے سے
کلی کلی کے بدن سے قبا نکلتی ہے

گھٹا کی طرح تمہیں پھیل جاؤ سر پہ اثرؔ
حیات دھوپ میں بے آسرا نکلتی ہے

نصابِ عقل کا اک باب

روایت کو پڑھو
پھر
حرفِ تجدیدِ تمنّا کو
الجھنا اور اَڑنا بھی
نصابِ عقل کا اک باب ہے
بے شک
زمانہ مدرسہ ہے
پھر
اس کے بعد یہ سوچو
کتابِ زندگی کیا ہے

●●

آغاز انوکھا ہو تو انجام نیا ہو
وہ درد عطا کر جو کسی کو نہ ملا ہو

ممکن ہے کہ فرقت ہی میں آ جائے میسّر
کچھ ایسا سکوں جو تری قربت سے سوا ہو

بے وجہ پریشانیٔ خاطر نہیں یارو!
شاید مجھے صحرا میں کوئی ڈھونڈ رہا ہو

یہ سوچ کے روتا ہوں کہیں بھول نہ جائے
جس شخص کو بھی میں نے بہت یاد کیا ہو

پیغام نمو لائے بہاراں تو مجھے کیا
وہ برگِ خزاں دیدہ ہوں جو ٹوٹ گیا ہو

یہ فکرِ سخن ہے اثرؔ جذبۂ بے نام
شاید مرے اندر سے کوئی بول رہا ہو

واہمہ اصلِ حقیقت ہے

اُترتی رات، چڑھتا دن
کبھی نرمی، کبھی گرمی، کبھی سردی
کبھی خواہش، کبھی کام و دہن کی آزمائش
ذائقہ کڑوا، کسیلا، انگبیں جیسا
شب و روز تمنّا، خواہشوں کی مصنوعی جنّت
اب آگے سوچنا بیکار ہے
ہر واہمہ اصلِ حقیقت ہے

••

منظر ایسا بھی سہانا تھا وہاں
جی لگانے کا بہانا تھا وہاں

راستے بھاگ رہے تھے لیکن
میں ہی سہما ہوا ٹھہرا تھا وہاں

دھوپ بہتی ہوئی ندی جیسے
وہ کہ برگد سا اکیلا تھا وہاں

رات روشن تھی، سجیلی تھی مگر
دن جو نکلا تو اندھیرا تھا وہاں

ہم بھی کچھ وقت گزار آئے اثرؔ
رنگ اور روپ کا میلہ تھا وہاں

شاذ تمکنتؒ کی یاد میںؒ

بادِ صرصر نے کیا کہا آخر
پھول کیوں شاخ سے گرا آخر

ایک بہتی ہوئی ندی تھا وہ
ریت کس طرح بن گیا آخر

جس کا ہر شعر تھا تراشیدہ
ایسا ہیرا کدھر گیا آخر

چھوڑ کر ادھ کھلی بیاضِ شام
کون سوئے افق چلا آخر

اس کا ہر خواب نیم خواب رہا!
اشک بن کر جو بہہ گیا آخر

ہر ورق انتخاب تھا جس کا
چار سو منتشر ہوا آخر

رات بھر جاگتا رہا لیکن
دن نکلتے ہی سو گیا آخر

ایک نغمہ سماعتوں میں تھا
وہ بھی خاموش ہو گیا آخر

کیوں اثرؔ ہو نہ سنگ باری کا
آئینہ آئینہ ہی تھا آخر

کتبہ

کتنا شاداب شہر تھا پہلے
آج ہر موڑ پر گھٹن سی ہے
جشن کا اہتمام کیا کیجئے
اپنی تہذیب ہی سسکتی ہے

••

ہم کربِ مسلسل سے گذر کیوں نہیں جاتے
سانسوں کے یہ طوفان ٹھہر کیوں نہیں جاتے

کب تک یونہی بھٹکیں گے تمنّا کے مسافر
ماضی کے سمندر میں اُتر کیوں نہیں جاتے

برگد کی طرح برسوں سے ٹھہرے ہیں زمیں پر
لمحات کے مانند گذر کیوں نہیں جاتے

حالات کے صحرا میں بھٹکتے ہوئے راہی
حیرت ہے سرِ شام بھی گھر کیوں نہیں جاتے

زوال

مشینی زندگی جینا
بٹن کے ساتھ حرکت اور حرارت
لمس کا احساس کر جانا
تقاضا تو نہیں، لیکن
ہُنر ٹھہرے تو کیا کیجئے

●●

غزل مزاج ہے، یکسر غزل کا لہجہ ہے
سراپا جیسے نزاکت کا استعارہ ہے

قدم قدم پہ چراغوں کی سانس رکتی ہے
کہ اب تو شہروں میں جینا عذاب لگتا ہے

جھلستی شام بدلنے لگی ہے پیراہن
ترے بدن کی تمازت میں سحر کیسا ہے

شگفتہ حرفِ نوا اجنبی سے لگتے ہیں
اداس لفظوں سے اپنا قدیم رشتہ ہے

نہ موسموں میں مہک ہے، نہ رتجگوں میں اثر
تمہارے شہر کا موسم بھی کتنا پھیکا ہے

چہار سمت خیالوں کی ریت بکھری ہوئی
ہماری پیاس کا منظر یہ ریگِ صحرا ہے

اب اپنی تشنہ لبی پر نہ جائیے گا اثرؔ
سمندروں کا محافظ بھی آج پیاسا ہے

دو نظمیں

۱

سچ کی ہر کڑواہٹ پینا
ہر مشکل لمحہ کو جینا
سب کے بس کا روگ نہیں ہے

..

۲

زمانہ
اِک اکائی ہے
اِضافت ہیں
یہ امروز اور فردا

..

آنگنوں میں ہے اونگھتا سورج
کتنا بے نور ہو گیا سورج

شام خنجر بکف نہ تھی یوں بھی!
کیسے خوں میں نہا گیا سورج

اُس کے چہرے سے کیسے آنکھ ہٹے
اس کا چہرہ ہے بولتا سورج

میری آنکھوں میں نیند ہے تیری
کیسے دیکھوں میں جاگتا سورج

صبح ہوتے ہی جیسے رگ رگ میں
روز اُگتا ہے اک نیا سورج

شام لیٹی ہوئی تھی بستر پر !
اور کمرے میں مر گیا سورج

تم اگر اس کے سامنے آتے
رک کے اک لمحہ سوچتا سورج

راکھ ہو جاؤں گا میں شام تلک
آگ نس نس میں بو گیا سورج

تیرگی اوڑھ لی ہے آنکھوں پر
کیسے کہہ دوں کہ مر گیا سورج

کتنی ویران ہے حیات اثرؔ
چاند غم کا، نہ درد کا سورج

اے زر نگارِ نور ...

قوسِ قزح کا رقص، بہاروں کا پیرہن
خوشبو کہیں پہ، رنگ کہیں اور کہیں کرن

دریا کے رُخ پہ بہتے چراغوں کی ہے قطار
پانی میں آگ، آگ میں پانی عجب بہار

دیوارِ تیرگی پہ چراغوں کی انجمن
رنگ و نشاط و کیف کے نغموں کا بانکپن

چہرے پہ تیرگی کے سویرے کی جستجو
باہم نیاز و ناز کی تقریب کو بہ کو

دہلیزِ آرزو پہ دیئے جگمگاتے ہیں
تقدیسِ زندگی کے ترانے سناتے ہیں

احساس رنگ و بو کے مہکتے ہوئے غبار
تجھ پر ہیں نور پیکر و خوشبو بدن نثار

انسانیت نواز روایات کی امیں !
زندہ رفاقتوں کی چمکتی ہوئی جبیں

وابستہ تجھ سے کتنی حکایات دل پذیر
اے زر نگارِ نور کہاں ہے تری نظیر

مُردہ دلوں میں تازہ شگوفے کھلاتی ہے
مژدہ نئی رُتوں کے سفر کا سناتی ہے

پیکر ترا نگارِ سحر کی نوید ہے
یہ جشنِ نورِ فتح و ظفر کی نوید ہے

ارضِ دکن کو جلوۂ صد رنگ و بو لکھیں
اس پیکرِ حسیں کو اثرؔ سرخ رو لکھیں

قطعہ

یاس کے بے کراں سمندر میں
زندگی ڈوب ڈوب جاتی ہے
کوئی چہرہ نظر نہیں آتا
جب کبھی تیری یاد آتی ہے

نقد و تحقیق کی راہوں میں اُجالے ہوں گے
کل کتابوں میں ہمارے بھی حوالے ہوں گے

تیری قامت کو جو آئینہ دکھا دیتے ہیں
تیرے ناقد ہی ترے چاہنے والے ہوں گے

اس کی سانسوں میں بھی زخموں کا سویرا ہوگا
میری آنکھوں میں بھی یادوں کے اُجالے ہوں گے

کل مری دشت نوردی تجھے تڑپائے گی
تیری نظروں میں مرے پاؤں کے چھالے ہوں گے

اور کچھ روز جو اردو کا یہی حال رہا
بس کتب خانوں میں اخبار، رسالے ہوں گے

چار سو سال گذرنے پہ یہ اندازہ ہوا!
اپنی تہذیب کے آداب نرالے ہوں گے

ڈوب کر فکر و معانی کے سمندر میں اثرؔ
کتنے لفظوں کے گہر ہم نے نکالے ہوں گے

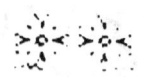

اِنعَام

مسلسل کام کرنا ہی
ترا انعام ٹھہرا ہے
مگر تو زندگی جینے میں سرگرداں
سراسیمہ، پریشاں

••

راہِ نجات

تیرگی سے نہ آنکھ پھیر اپنی
تیرگی روشنی کا حصہ ہے

••

دوستوں سے عمر بھر لڑتے رہے
دشمنوں کے واسطے اچھے رہے

سایہ سایہ زندگی چلتی رہی
فاصلے گھٹتے رہے بڑھتے رہے

لوگ آئینوں کی صورت تھے مگر
خوف تھا ایسا کہ سب ڈرتے رہے

راستوں کے پیچ و خم کے باوجود
دِل کی بستی کی طرف چلتے رہے

زندگی قسطوں میں لکھی تھی اثرؔ
ہر نئے غم کو لئے ہنستے رہے

ذوقِ مطالعہ

بدن کی شاعری
بے حرف نظمیں
لکیریں آڑھی ترچھی سی
کہیں گولائیاں روشن
عمودی خط
خفی اور بیضوی حلقے
اسے پڑھنے سے کیا حاصل
کتابوں کے ورق الٹیں
تلاشیں
ایک چہرے کو
اُسے ڈھونڈیں کہ جی بہلے ہمارا

●●

دلوں کے درد کا رشتہ مری تلاش میں ہے
کسی کا عہدِ تمنا مری تلاش میں ہے

وہ شخص مجھ سے بچھڑ کر بھی جو اداس رہا
سنا ہے اب وہ دوبارا مری تلاش میں ہے

نہ جانے کب سے تعاقب میں ہے کوئی سایا
کسی کا نقشِ کفِ پا مری تلاش میں ہے

کسی کے قدموں کی آہٹ سنائی دیتی ہے
یہیں کہیں کوئی سایا مری تلاش میں ہے

نہ جانے کون تھا صحرا میں جس کو دیکھا تھا
وہ ایک شخص مجھی سا مری تلاش میں ہے

وہ لمحہ جس کو میں صدیوں سے ڈھونڈتا ہوں اثرؔ
سنا ہے اب وہی لمحہ مری تلاش میں ہے

متاعِ عمرِ گذشتہ سمیٹ کر لے جا
جو ہو سکے تو مرا درد اپنے گھر لے جا

تو جا رہا ہے تو میری سسکتی آنکھوں سے
سلگتی شام، پگھلتی ہوئی سحر لے جا

اُبلتی آنکھوں سے تہذیب کا سفر کیسا
تو اپنے آپ کو تاریخ کے اُدھر لے جا

حضورِ دوست اک آئینہ جگمگاتا ہے
تو اپنی ذات کا پیکر تراش لے کر لے جا

سلگ رہی ہے تری یاد میری رگ رگ میں
اب اپنی یاد مِرے دل سے چھین کر لے جا

اثرؔ کے پاس تو کچھ بھی نہیں ہُنر کے سوا
تو بے ہنر ہے تو سرمایۂ ہُنر لے جا

تم اتنا جانتے ہو تو

اُسے لکھتے ہوئے ڈرتا ہوں

وہ ابلاغ ہے میرا
اُسے کہتے ہوئے رُکتا ہوں
وہ احساس ہے میرا
اُسے پڑھتے ہوئے اکثر ٹھہر جاتا ہوں' آخر کیوں
قلم' کاغذ' سیاہی اور متن
سب کچھ وہی ہے
ابھی جیسے کمی ہے
تم اتنا جانتے ہو تو
مجھے پرکھو' مجھے جانچو' مجھے النخط کرو
یا پھر مجھے تسلیم کرو

••

کتنی راتوں سے جل رہا ہوں میں
جاگتے زخم کا دِیا ہوں میں

مجھ سے خود کو بچا کے یوں نہ نکل
زندگی تیرا آئینہ ہوں میں

میرے لہجے میں بولتا ہے تو
اپنی آواز سُن رہا ہوں میں

ریزہ ریزہ بکھر رہی ہے حیات
لمحہ لمحہ پگھل رہا ہوں میں

کوئی اپنا پتا بتائے مجھے؟
خود کو مدت سے ڈھونڈتا ہوں میں

عمرِ رفتہ کے ریگزاروں پر
نقشِ پا اپنے ڈھونڈتا ہوں میں

تو نے کانٹا سمجھ لیا تھا مجھے
دیکھ! پلکوں پہ کھِل رہا ہوں میں

بعض اوقات یوں ہوا ہے اثرؔ
اپنے سایے سے ڈر گیا ہوں میں

فاصلہ

نئی تاریخ کے صفحوں پہ کیا لکھیں
اگر سوچیں
سبھی کچھ یوں ہے
جیسے زندگی مقتل میں لرزاں ہو
حکایت سے شکایت تک
وہی اک فاصلہ قائم

خورشید احمد جامیؔ کی نذر

سراب دُور سے دریا دکھائی دیتا ہے
"ترا خیال بھی تجھ سا دکھائی دیتا ہے"

نہ جانے کتنے ستاروں کا دل جلا ہوگا
سرِ افق جو اجالا دکھائی دیتا ہے

جہاں جہاں نگہ جستجو ٹھہرتی ہے
کسی کا نقشِ کفِ پا دکھائی دیتا ہے

چھپی ہوئی ہے کوئی آگ ان نگاہوں میں
مرا وجود پگھلتا دکھائی دیتا ہے

کلی چٹکنے کے عالم پہ چونک اٹھتا ہوں
سنا ہوا کوئی لہجہ دکھائی دیتا ہے

گنگناتی ہے غزل گاتی ہے
جب بھی مِلنے کو چلی آتی ہے

دل کے گلشن میں بڑی رات گئے
روشنی سی کبھی ہو جاتی ہے

درد کی آگ میں تپتی ہے تو پھر
شاعری دادِ ہُنر پاتی ہے

نغمہ و شعر ہے ہر عضوِ بدن
کس قدر شوخ وہ مدماتی ہے

آرزوِ حُسن کی دنیا سے اثرؔ
غم کی سوغات اُٹھا لاتی ہے

ایک نظم

جو ہم چھلکائیں جامِ ارغوانی
بہک جائیں سبھی
غنچے چٹک جائیں
بدلیاں گِھر گِھر کے آئیں
اور کہانی اک نئی رُت کی سنائیں
دف بجا کر گیت گائیں
مگر وہ تشنگی ہے
جیسے میخانہ نہیں، صحرا ہیں تپتے ہیں
وہی موسم، وہی جلتی ہوائیں
خوف کے عفریت بادل
نہ شادابی، نہ سرسبزی
فضا یرقان جیسی چار سُو ہے

••

تو جو احساس پہ لہرائے گا آنچل بن کر
پھیل جاؤں گا تری آنکھ میں کاجل بن کر

دشتِ احساس میں اک شخص کا شبنم لہجہ
پیاس ہونٹوں کی بجھا دیتا ہے چھاگل بن کر

شام ہوتے بکھر جاؤں گا سناٹے میں
اُس کی دہلیز پہ رک جاتا ہوں سنگل بن کر

ایک پرچھائیں مرے ساتھ رہا کرتی ہے
کبھی خوشبو، کبھی آہٹ، کبھی آنچل بن کر

ق

ایک آواز مری نیند میں گھل جاتی ہے
کبھی نغمہ، کبھی بربط، کبھی پایل بن کر

اس کو احساس کے آنگن میں بٹھا کر دیکھو
درد سینے میں مہک اٹھے گا صندل بن کر

ایک رمتے ہوئے جوگی کی طرح ہم بھی اثرؔ
شہر و صحرا میں بھٹکتے رہیں بادل بن کر

اک حسیں یاد پھر ساتھ چلنے لگی
پھول کھِلنے لگے شمع جلنے لگی

جانے کس کے لئے میری دیوانگی
منزلوں سے بھی آگے نکلنے لگی

تیرگی میں چمکنے لگے راستے
پیار کی آگ سینوں میں جلنے لگی

بڑھ گئی وقت کی تیرگی اور بھی
جب کرن آرزو کی مچلنے لگی

اے اثرؔ ایک بے نام سی آگ میں
جیسے خود صبحِ امید جلنے لگی

پرانے تماشے

اُترتی شام سے پوچھیں گے
جگنوؤں کا مزاج
جُنوں کے شہر میں
راتوں کا کیا ہوا آخر
افق پہ یوں تو سمٹ آئے تھے
نئے منظر
سلگتی آنکھوں میں حسرت
ہراس
تنہائی
تمام شہر تماشا بنا تھا
حیراں تھا
مگر جب آنکھ کھُلی
وہی پرانے تماشے تھے اور مداری نئے
●●

ٹوٹے ہوئے الفاظ کو آہنگ نیا دے
قرطاس پہ آواز کی تصویر بنا دے

ہر لفظ پہ مفہوم کا جامہ نہیں ہوتا
اظہار کو اسلوب کی خوش رنگ قبا دے

تنقید کی بنیاد میں تحقیق چھپی ہے
تشکیک کی راہوں سے حقائق کا پتا دے

دیمک زدہ اوراق سے آنکھیں تو نہ پھیرو
دیمک زدہ اوراق ہیں کرنوں کے لبادے

ملبوں میں چھپے ہوتے ہیں انمول خزینے
آئینے ملیں گے تجھے پتھر تو ہٹادے

ہر رات لکھا کرتے ہیں پریوں کی کہانی
ہر صبح کو اوراق نظر آتے ہیں سادے

دَم گھُٹنے لگا ہے مرا تاریک فضا میں
اب دل کی زمیں میں کوئی سورج بھی اُگادے

تشہیر کی بیساکھی کبھی ساتھ نہ دے گی
لہجہ کو اثر اپنے تو پہچان بنادے

ٹوٹ کر رہ گیا آئینے سے رشتہ اپنا
ایک مدت ہوئی دیکھا نہیں چہرا اپنا

لفظ و معنیٰ کے نئے پھول اُبھر آئیں گے
نقش ہو جائے جو قرطاس پہ لہجہ اپنا

کوئی طوفاں ہے، نہ اب کوئی تلاطم دل میں
ساحلِ درد پہ ٹھہرا ہے سفینہ اپنا

یاد خوشبو ہے، چھپانے سے کہاں چھپتی ہے
موجِ گُل خود ہی بنا لیتی ہے رستہ اپنا

جس کے جانے سے منوّر ہوئے پلکوں پہ چراغ
آج تک اس نے دکھایا نہیں چہرا اپنا

رات کے ساتھ اثرؔ لوٹ کے گھر جانا ہے
راستہ دیکھ رہا ہو گا دریچہ اپنا

قطعۂ تاریخِ طباعت حرفِ نم دیدہ

تصنیف استادِ محترم ڈاکٹر محمد علی اثر دام اقبالہ

بوستانِ شعر و فن ہے متقی
یا یہ دیواں ہے ریاضِ قافیہ
لکھ سرِ اعجاز سے تاریخِ طبع
حرفِ نم دیدہ بیاضِ قافیہ

۱۴۱۱ ہجری

نتیجۂ خلوص

سیّد عباس متقی

(ایم اے، ایم فل (جامعہ عثمانیہ

مصنفؒ کی دیگر کتابیں

---دکنی غزل کی نشوونما(۱۹۸۶ء) اتر پردیش، مغربی بنگال، بہار اور آندھرا پردیش اردو اکیڈمی سے ایوارڈ یافتہ۔ مدراس یونیورسٹی کے ایم۔ فل اور آندھرا پردیش اردو اکیڈمی سے ایوارڈ یافتہ۔ مدراس یونیورسٹی کے ایم۔ فل اور جامعہ عثمانیہ کے ایم۔اے کے نصاب میں شامل۔

---دکنی اور دکنیات (۱۹۸۲ء) آندھرا پردیش اردو اکیڈمی سے ایوارڈ یافتہ اور مدراس یونیورسٹی کے ایم۔ فل کے نصاب میں شامل

---دکنی اور دکنیات پاکستانی ایڈیشن (۱۹۸۶ء) مقتدرہ قومی زبان، اسلام آباد

---دکنی شاعری۔ تحقیق و تنقید (۱۹۸۸ء) آندھرا پردیش اردو اکیڈمی سے ایوارڈ یافتہ

---دکنی کی تین مثنویاں (۱۹۸۷ء) مدراس یونیورسٹی کے نصاب متن میں شامل۔

---دبستان گولکنڈہ۔ ادب اور کلچر (۱۹۸۱ء) مرتبہ

---غواصی۔ شخصیت اور فن (۱۹۷۷ء) آندھرا پردیش اردو اکیڈمی سے ایوارڈ یافتہ

---ملاقات (شعری مجموعہ) (۱۹۸۰ء) مغربی بنگال اور آندھرا پردیش اردو اکیڈمی سے

ایوارڈ یافتہ

---شمع جلتی رہے (رپورتاژ) (۱۹۸۰ء)

---تذکرہ مخطوطات ادارہ ادبیات اردو حیدرآباد (جلد ششم) (۱۹۸۳ء) بہ اشتراک محمد اکبرالدین صدیقی

---نظیر شناسی (مرتبہ) (۱۹۸۷ء) بہ اشتراک ڈاکٹر اکبر علی بیگ

---کلیات ایمان (۱۹۸۷ء) مرتبہ سیدہ ہاشمی ترمیم و اضافہ محمد علی اثر

---تلاش اور تحقیق (مضامین کا مجموعہ)۔ زیر طبع